Want free goodies?
Email us at study@inspiredtograce.com

 @inspiredtograce

 Inspired To Grace

Shop our other books at
www.inspiredtograce.com

Wholesale distribution through Ingram Content Group
www.ingramcontent.com/publishers/distribution/wholesale

For questions and customer service, email us at
support@inspiredtograce.com

DATE:

SCRIPTURE

REFLECTIONS

PRAYERS

DATE:

SCRIPTURE

REFLECTIONS

PRAYERS

> **DATE:**

SCRIPTURE

REFLECTIONS

PRAYERS

DATE:

SCRIPTURE

REFLECTIONS

PRAYERS

⚙ ⚙ ⚙ ⚙ ⚙

> DATE:

SCRIPTURE

REFLECTIONS

PRAYERS

DATE:

SCRIPTURE

REFLECTIONS

PRAYERS

> DATE:

SCRIPTURE

REFLECTIONS

PRAYERS

DATE:

SCRIPTURE

REFLECTIONS

PRAYERS

> **DATE:**

SCRIPTURE

REFLECTIONS

PRAYERS

DATE:

SCRIPTURE

REFLECTIONS

PRAYERS

> DATE:

SCRIPTURE

REFLECTIONS

PRAYERS

DATE:

SCRIPTURE

REFLECTIONS

PRAYERS

DATE:

SCRIPTURE

REFLECTIONS

PRAYERS

⚓ ⚓ ⚓ ⚓ ⚓

DATE:

SCRIPTURE

REFLECTIONS

PRAYERS

⚙ ⚙ ⚙ ⚙ ⚙

> **DATE:**

SCRIPTURE

REFLECTIONS

PRAYERS

DATE:

SCRIPTURE

REFLECTIONS

PRAYERS

⚙ ⚙ ⚙ ⚙ ⚙

DATE:

SCRIPTURE

REFLECTIONS

PRAYERS

SCRIPTURE

REFLECTIONS

PRAYERS

DATE:

SCRIPTURE

REFLECTIONS

PRAYERS

DATE:

SCRIPTURE

REFLECTIONS

PRAYERS

✦ ✦ ✦ ✦ ✦

DATE:

SCRIPTURE

REFLECTIONS

PRAYERS

DATE:

SCRIPTURE

REFLECTIONS

PRAYERS

DATE:

SCRIPTURE

REFLECTIONS

PRAYERS

DATE:

SCRIPTURE

REFLECTIONS

PRAYERS

DATE:

SCRIPTURE

REFLECTIONS

PRAYERS

SCRIPTURE

REFLECTIONS

PRAYERS

DATE:

SCRIPTURE

REFLECTIONS

PRAYERS

DATE:

SCRIPTURE

REFLECTIONS

PRAYERS

> DATE:

SCRIPTURE

REFLECTIONS

PRAYERS

DATE:

SCRIPTURE

REFLECTIONS

PRAYERS

SCRIPTURE

REFLECTIONS

PRAYERS

DATE:

SCRIPTURE

REFLECTIONS

PRAYERS

DATE:

SCRIPTURE

REFLECTIONS

PRAYERS

DATE:

SCRIPTURE

REFLECTIONS

PRAYERS

✦ ✦ ✦ ✦ ✦

DATE:

SCRIPTURE

REFLECTIONS

PRAYERS

DATE:

SCRIPTURE

REFLECTIONS

PRAYERS

> DATE:

SCRIPTURE

REFLECTIONS

PRAYERS

DATE:

SCRIPTURE

REFLECTIONS

PRAYERS

DATE:

SCRIPTURE

REFLECTIONS

PRAYERS

DATE:

SCRIPTURE

REFLECTIONS

PRAYERS

DATE:

SCRIPTURE

REFLECTIONS

PRAYERS

DATE:

SCRIPTURE

REFLECTIONS

PRAYERS

DATE:

SCRIPTURE

REFLECTIONS

PRAYERS

SCRIPTURE

REFLECTIONS

PRAYERS

✿ ✿ ✿ ✿ ✿

SCRIPTURE

REFLECTIONS

PRAYERS

DATE:

SCRIPTURE

REFLECTIONS

PRAYERS

> DATE:

SCRIPTURE

REFLECTIONS

PRAYERS

DATE:

SCRIPTURE

REFLECTIONS

PRAYERS

DATE:

SCRIPTURE

REFLECTIONS

PRAYERS

DATE:

SCRIPTURE

REFLECTIONS

PRAYERS

DATE:

SCRIPTURE

REFLECTIONS

PRAYERS

⚓ ⚓ ⚓ ⚓ ⚓

DATE:

SCRIPTURE

REFLECTIONS

PRAYERS

DATE:

SCRIPTURE

REFLECTIONS

PRAYERS

DATE:

SCRIPTURE

REFLECTIONS

PRAYERS

DATE:

SCRIPTURE

REFLECTIONS

PRAYERS

DATE:

SCRIPTURE

REFLECTIONS

PRAYERS

> DATE:

SCRIPTURE

REFLECTIONS

PRAYERS

DATE:

SCRIPTURE

REFLECTIONS

PRAYERS

DATE:

SCRIPTURE

REFLECTIONS

PRAYERS

DATE:

SCRIPTURE

REFLECTIONS

PRAYERS

> DATE:

SCRIPTURE

REFLECTIONS

PRAYERS

DATE:

SCRIPTURE

REFLECTIONS

PRAYERS

> **DATE:**

SCRIPTURE

REFLECTIONS

PRAYERS

⚓ ⚓ ⚓ ⚓

DATE:

SCRIPTURE

REFLECTIONS

PRAYERS

DATE:

SCRIPTURE

REFLECTIONS

PRAYERS

DATE:

SCRIPTURE

REFLECTIONS

PRAYERS

DATE:

SCRIPTURE

REFLECTIONS

PRAYERS

SCRIPTURE

REFLECTIONS

PRAYERS

DATE:

SCRIPTURE

REFLECTIONS

PRAYERS

DATE:

SCRIPTURE

REFLECTIONS

PRAYERS

DATE:

SCRIPTURE

REFLECTIONS

PRAYERS

DATE:

SCRIPTURE

REFLECTIONS

PRAYERS

> DATE:

SCRIPTURE

REFLECTIONS

PRAYERS

DATE:

SCRIPTURE

REFLECTIONS

PRAYERS

DATE:

SCRIPTURE

REFLECTIONS

PRAYERS

SCRIPTURE

REFLECTIONS

PRAYERS

> DATE:

SCRIPTURE

REFLECTIONS

PRAYERS

DATE:

SCRIPTURE

REFLECTIONS

PRAYERS

> DATE:

SCRIPTURE

REFLECTIONS

PRAYERS

DATE:

SCRIPTURE

REFLECTIONS

PRAYERS

DATE:

SCRIPTURE

REFLECTIONS

PRAYERS

DATE:

SCRIPTURE

REFLECTIONS

PRAYERS

> DATE:

SCRIPTURE

REFLECTIONS

PRAYERS

DATE:

SCRIPTURE

REFLECTIONS

PRAYERS

> DATE:

SCRIPTURE

REFLECTIONS

PRAYERS

DATE:

SCRIPTURE

REFLECTIONS

PRAYERS

DATE:

SCRIPTURE

REFLECTIONS

PRAYERS

DATE:

SCRIPTURE

REFLECTIONS

PRAYERS

⚙ ⚙ ⚙ ⚙ ⚙

> DATE:

SCRIPTURE

REFLECTIONS

PRAYERS

DATE:

SCRIPTURE

REFLECTIONS

PRAYERS

✵ ✵ ✵ ✵ ✵

DATE:

SCRIPTURE

REFLECTIONS

PRAYERS

DATE:

SCRIPTURE

REFLECTIONS

PRAYERS

SCRIPTURE

REFLECTIONS

PRAYERS

DATE:

SCRIPTURE

REFLECTIONS

PRAYERS

DATE:

SCRIPTURE

REFLECTIONS

PRAYERS

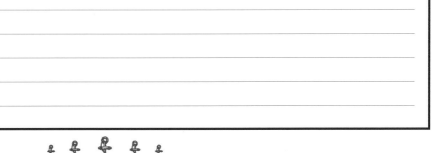

DATE:

SCRIPTURE

REFLECTIONS

PRAYERS

> DATE:

SCRIPTURE

REFLECTIONS

PRAYERS

DATE:

SCRIPTURE

REFLECTIONS

PRAYERS

> DATE:

SCRIPTURE

REFLECTIONS

PRAYERS

DATE:

SCRIPTURE

REFLECTIONS

PRAYERS

✦ ✦ ✦ ✦ ✦

DATE:

SCRIPTURE

REFLECTIONS

PRAYERS

DATE:

SCRIPTURE

REFLECTIONS

PRAYERS

DATE:

SCRIPTURE

REFLECTIONS

PRAYERS

DATE:

SCRIPTURE

REFLECTIONS

PRAYERS

DATE:

SCRIPTURE

REFLECTIONS

PRAYERS

DATE:

SCRIPTURE

REFLECTIONS

PRAYERS

✦ ✦ ✦ ✦ ✦

Made in the USA
Columbia, SC
31 October 2020